Barbara Erlwein

Ein Leben lang

Gedichte

Schrenk-Verlag

Impressum
Schrenk-Verlag
Alramweg 1
91187 Röttenbach
www.buchfranken.de
ISBN 978-3-924270-00-1

Zur Einführung

Barbara Erlwein ist, was ihre Gedichte angeht, ein Naturtalent. Seit 1936 begleiten die Verse ihr Leben. Es beginnt mit dem jugendlichen Stolz auf ein großes Heimatland, so wie es der Nationalsozialismus zu versprechen verstand. Danach zeigt sich uns die erwachende Frau voll Liebe und Fantasie.

Doch Schmerz und große Traurigkeit bleiben ihr nicht erspart; und das Schreiben bringt ihr eine Ausdrucksmöglichkeit ihres Wehs. Gerade dabei und darüber hinaus zeigt sich ihre tiefe Frömmigkeit in Gebeten in Gedichtform.

Immer wieder und ihr ganzes Leben hindurch ist die Autorin ein genauer Beobachter der sie umgebenden Natur. Mit teils schlichten, manchmal jedoch hoch lyrischen Gedichten beschreibt sie das Werden im Frühling, die Fülle des Sommers und die Vollendung im Herbst und Winter.

Natürlich ereignen sich in einem solch langen Leben auch die vielfältigsten zwischenmenschlichen Momente, welche Dankbarkeit, Fröhlichkeit, aber auch Trauer und Abschied umfassen, und auch dies findet in diesem Band seinen Niederschlag. Bei solchen Gelegenheiten mögen auch die „Zweckgedichte", wie ich sie gern nenne, entstanden sein, Reimereien, verfasst zur Freude der Adressaten zu den verschiedensten Anlässen.

Der vorliegende Gedichtband soll jedoch - zum ersten Mal in der vorliegenden Form - vor allem der Autorin eine Freude zu ihrem 83. Geburtstag bereiten.

Möge sie uns noch lange so geistig und körperlich frisch erhalten bleiben.

Dr. Karlheinz Kutschera
04.10.2005

Barbara Erlwein

EIN LEBEN LANG

Gedichte

Lyrik im Schrenk-Verlag Band 01

ZUM GELEIT

Ein Wiesel
saß auf einem Kiesel
inmitten Bachgeriesel
Wisst ihr
weshalb?
Das Mondkalb
verriet es mir im stillen:
Das raffinierte Tier
tats um des Reimes willen.
(Christian Morgenstern, Galgenlieder)

ABENDLIED

Januar 1940

Im Garten bei blühenden Rosen ich saß
und tief versunken ein Büchlein las,
das war so schön.

Da kamen zwei kleine Vögelein
und sangen ein hübsches Liedelein
so wunderschön.

Und ich mein Büchelein fallen ließ
und lauschte den Tönen zaubersüß
im Abendschein.

Und völlig ergeben der köstlichen Lust
trank ich den Strahl der jauchzenden Brust
kindlich hinein.

Und immer größer ward mein Verlangen
und immer schöner die Vöglein sangen,
süß und schwer.

Die Nacht kam schon längst mit ihrer Ruh'
und die Vöglein sangen noch immerzu,
schöner und mehr.

Sie sangen so lieblich und himmlisch rein,
es neigten sich Rosen und Blümelein fein
vor ihnen schlank.

Habt Dank ihr kleinen Singvögelein,
ihr goldgelb gefiederten Sängerlein,
habt großen Dank.

Und als sie geendet in später Nacht,
lag alles in zauberhaft, stiller Pracht
und war so fein.

Die Vögelein aber, sie sangen nicht mehr.
Mein Herz ward wieder so einsam und leer:
Ich war allein.

WACH AUF!
1940

Wach auf, du starre Erde, du,
zerreiß des Winters Ketten!
Lass' deinen Kindern nicht mehr Ruh',
hol' sie aus ihren Betten.
Noch liegt das Land in tiefer Ruh',
noch träumen Wald und Wiesen,
ein weißer Schleier deckt sie zu,
lässt sie nicht wieder grüßen.
Wach auf, du starre Erde, du,
lass' deinen Frühling künden.
Wir werden dann dir immerzu
viel' Blumensträußlein binden.

FRÜHLINGSERWACHEN
Betty Mantel 1940

Es schlägt mein Herz tausendmal froher
und mein Sinn der jauchzet dir zu,
Frühling, du Holder, bist 'kommen,
weckst mich nach zeitlicher Ruh'.
Grün wieder sind Wiesen und Heiden,
die Knospen springen und blühn.
Schneeglöckchen schmücken die Gärten:
Winter dein' Macht muss nun zieh'n!
Frühling, du Holder, bist 'kommen:
Bringst uns den Sommer auch mit?
Werden bald gehen und singen
dir, Frühling, ein Dankeslied.
Frühling, du steigst von den Bergen
hinunter ins liebliche Tal,
küsst die Erde mit wonnigem Lächeln,
mit goldenem Sonnenstrahl.
O herrlich, wie atmet die Seele
und hebt sich erquickend die Brust:
Wundervoll trillern die Lerchen
Melodien in toller Lust.
O blühe, o Tal, und werde
den Menschen ein Blumenhaus.
Lasst Liebe, lasst Glück und Hoffnung
uns binden zum Frühlingsstrauß.

MONDNACHT
Joseph von Eichendorff

Es war als hätt' der Himmel
Die Erde still geküsst,
Dass sie im Blütenschimmer
Von ihm nur träumen müsst'.
Die Luft ging durch die Felder,
Die Ähren wogten sacht,
Es rauschten leis die Wälder,
So sternklar war die Nacht.
Und meine Seele spannte
Weit ihre Flügel aus,
Flog durch die stillen Lande,
Als flöge sie nach Haus.

DER MOND

Nun ruhe aus mein Herz,
der Tag ist müde.
Was er mir hat gebracht,
singt leis der Wind im Liede.
Ich schlag' die Augen auf
und schau den Mond,
den klaren Wunderschein,
ob er alleine thront.
Oh nein, mein Herz,
schlaf ein mit deinen Wehen:
Bald wird ein neuer Mond
in neuem Lichtkreis stehen.
Und du wirst schauen und ihn sehen
den schönen wunderbaren Mond.

WOLKEN AM ABEND

Es ist ein Abend düster, schwer:
Die Wolken stehen am Horizont,
unheimlich leuchtet heut' der Mond.
Ein'n Augenblick erhellt ein Licht
des Himmels dunkles Angesicht.
Dann wieder alles schwarz und leer.

AM ABEND

Mehr, immer mehr der Tag versinket
in sanftem Abends großer Weite.
Hoch oben schon ein Sternlein blinket
auf dunkelblauer, öder Heide.
Nur hie und da noch zirpt die Grille
ganz hell ihr kleines, feines Lied.
Doch bald verstummt es in Stille
auf Wiese, Feldrand und im Ried.
Zum letzten Male laut erschallet
der Abendglocke frischer Schlag.
Mit ihr ein zarter Nebel wallet
wohl übers Land, durch jeden Hag.
Nur kurz ein leises Lüftlein wehet
vom Berg zum Tal und zu der Au,
bis es in einem Hauch vergehet,
empor zum Himmelszelt so blau.

ABENDWIND

Abendwind, du singst so kühl dein Lied
umspielet von der Sonne rotem Schein.
Und deine zarte Melodie
wiegt mich mit ein.
Die Wellen rauschen süßer als denn je,
und meine Seele atmet Blütenduft.
So wonniglich und rein
ist heut' die Luft.

ABEND
1940

Der Tag liegt weit, weit hinter mir,
das letzte Bild verschwommen,
und oben strahlen über mir
die Sternlein sanft erglommen.
O Nacht, so wundervoll und warm
im Zauberglanz der Sternenwelt.
Träum' ich so süß in deinem Arm,
all' Tages Leid jäh von mir fällt.

ABENDLIED
Juli 1940

Der Abend kam so sachte,
ich hatt's noch nicht gedacht
und bracht' mir mit ganz leise
die tiefe, dunkle Nacht.
Im Hause ward's so stille,
wie schon so lang nicht mehr.-
Nun armes Herz jetzt ruhe,
der Tag war heut' so schwer.

ABENDTRAUM

Ich lieg' im Wald auf grünen Matten
in Ruhe da und lausch' gespannt.
Und vor mir breiten sich die Schatten
der Nacht hin übers weite Land.

Und leise singen Nachtigallen
so wunderbar, ich weiß nicht wie.
Im Tale, fern, die Nebel wallen
nach jener alten Melodie.

DIE NACHT

Rasch senkt die Nacht die dunkle Hülle
weit über alle Land,
dass sie kein Lichtstrahl mehr durchdringe,
dies finst're weite Land.
Zum letzten Mal erhellt ein Strahl
das dunkelblaue Zelt.
Doch bald verschlungen wie jedes Tal
als letztes Zeichen fällt.
Der Dorfhund bellt, die Glocke mahnt:
Legt euch zur Ruhe.
Im Mondenlicht glänzt grün die Saat,
als des Ackers schönste Blume.
Im letzten Haus brennt noch das Licht,
wie eine wahre Pracht.
Die Bäurin zu ihren Kindern spricht:
„Gute Nacht!"

DIE NACHT
2. Version

Rasch sinkt die Nacht. Die dunkle Hülle
Erstrecket weit sich übers Land.
Dass kaum ein Lichtstrahl mehr erfülle,
Dies unermesslich finst're Band.
Von West durchweht ein sanfter Schimmer
Noch kurz das dunkelblaue Zelt
Bevor im kühlen Sterngeflimmer
Auch dort der tiefe Schatten fällt.
Der Dorfhund bellt, die Glocke mahnt:
Legt heute euch zur Ruhe nieder.
Im dunklen Feld die Saat erahnt,
Der Erde Kraft, die ewige, wieder.
Im letzten Hause brennt noch Licht,
Des prallen Lebens wahre Pracht.
Die Mutter zu den Kindern spricht:
„Nun husch ins Bett und gute Nacht!"

BERGEINSAMKEIT

Ich steh auf weiten Bergeshöh'n,
zu meinen Füßen liegt das Tal
im warmen Mittagssonnenstrahl
und ist so schön.
Mein Blick geleitet drüber hin
doch diese sonn'beglänzte Pracht
ist schöner noch in Dämmernacht,
wenn Stenlein glühn.

HEIDERÖSLEIN

Auf der Heide und am Wege
blühen Röslein, ach, so rot:
Röslein lasst doch euer Blühen,
denn mein Liebster, der ist tot.
Röslein lasst doch euer Blühen,
schon der Himmel ist so rot.
Und dort hinter diesem Berge
ist mein Liebster schon bei Gott.
Röslein, warum blüht ihr weiter?
Ist doch so betrübt mein Sinn.
Röslein, jetzt will ich auch scheiden,
denn mein' Lieb' ist auch dahin.

AM ABEND

Die Glocke klingt,
der Tag versinkt
ins Schlummerlied der Nacht.
Ein Grillchen zirpt;
es klingt zermürbt
hinaus ins stille Land.
Das Bächlein rauscht,
ein Jäger lauscht
dem leisen Tritt des Wilds.
Kein Licht mehr brennt.
Es ist das End',
das Tagwerk ist vollbracht.
Der Mensch nur spricht
im Dämmerlicht
zu dir: Nun gute Nacht!

DIE NACHT

Leise senkt sich die Nacht hernieder
in das stille Tal,
leise klingen die Abendlieder
im Tale überall.
Friedlich gehen die Menschen zur Ruh',
leise säuselt der Wind
durch die Erlen dem Birkenweg zu,
heimlich, stille und lind.
Eisige Nebel steigen vom Fluss,
unheimlich groll der Schlund.
Niemand hört seinen teuflischen Gruß
zu dieser nächtlichen Stund'.
Leise zieht der Mond seine Bahn
und kühler weht der Wind,
Sternlein fangen zu funkeln an,
Tröster der Nacht sie sind.

WINTERSONNE

Wintersonne
mit welch' Wonne
füllest du mir Herz und Sinn.
Nimm mich hin,
lass' mich laben und genießen,
deinen Wonnekelch ausgießen.
Dass die Erde sammle neue Kräfte.
Neue Säfte
steigen auf in Baum und Kron.
Bald wird alles blühen schon.

MORGENTAU

Weiße Tauperlen glitzern
im ersten Morgenschein.
Leuchten auf roten Rosen,
wie am Herzen ein Edelstein.

FRÜHLINGSIDYLL

In den Nächten mit leuchtenden Sternen
am Waldrand wir saßen zur Ruh'.
Nachtigallen sangen von ferne
und der Flieder blühte dazu.
Er blühte mit lieblichen Düften
und betörte uns Herz und Sinn.
Wir reichten einander die Hände
und gaben dem Zauber uns hin.
In den Nächten mit leuchtenden Sternen
webt die Liebe ihr goldenes Band,
dort bei dem blühenden Flieder
weit draußen am Waldesrand.

OSTERGRUSS

Erlangen, den 29. März 1985

Ich hab' 'ne Freundin im Kärntner Land,
in Keutschach am blauen See.
Sie grüßen schon Blumen im Frühlingsg'wand
und Berge aus luftiger Höh'.
So möcht' ich auch grüßen zum Osterfest
Fräulein Evi aus weiter Fern',
ihr wünschen, wie immer, das Allerbest'
und das, was sie hätt' noch so gern.

SOMMERZEIT

August 1944

Goldene Sommerzeit,
Traum einer Liebe:
Lange Nächte weit,
zarter Blumen Triebe.
Herrliche Blütenzeit
rosige Wangen.
Lieb' voll Unendlichkeit
hält mich umfangen.
Jauchzende Fröhlichkeit
lockender Munde.
Köstliche Süßigkeit,
Stunde um Stunde.
Goldene Jugendzeit,
wie bist Du so schön!
Lass' Dich genießen heut,
musst bald von mir geh'n.

DAS ÄHRENFELD

Reife Ähren im Ährenfeld
Rauscht so selig mir zu.
Wenn der Tag in den Schlummer fällt,
reife Ähren im Ährenfeld,
rauschet mich selig zur Ruh'.
Reife Ähren im Ährenfeld
singt mir ein Sehnsuchtslied.
Wie wonniglich ist eure sanfte Welt.
Reife Ähren im Ährenfeld,
singet mich immer so müd'.
Reife Ähren im Ährenfeld
Wiegt euch so leise im Wind.
Wenn laut der Schnitter Ruf ergellt,
reife Ähren im Ährenfeld,
ihr euer Lied aussingt.
Reife Ähren im Ährenfeld
rauschet mir immerzu Glück.
Wenn die Sichel in eure Halme fällt,
reife Ähren im Ährenfeld,
kommt mein Liebster zurück.

ROSENABSCHIED
August 1939

Draußen am Wegrand noch blühet
ein Röslein einsam allein:
Es ist das letzte von vielen;
ja das letzte muss es sein.
Röslein mit dir will ich sterben.
Bei dir soll sein mein Grab,
wenn der Wind zieht über die Felder
und der Bauer das Korn fährt ab.
Wenn in den Scheunen und Höfen
die Drescher stehen bereit
und in den Weinbergen reifen
die Trauben der Sommerzeit,
dann wollen wir Abschied nehmen,
rot Röslein, du und ich.
Um unser Grab sollen winden
ewig rote Rosen sich.

MIT PATHOS

Es grüßt dich, liebe Heimat,
dein Kind in fremder Welt.
Bald sehen wir uns wieder
und singen wie's uns gefällt.
Dann jauchzen wir und jubeln
und feiern dir ein Fest.
Dann schwören wir dir Treue
auf ew'ge Zeiten fest.

SOLDAT!
Betty Mantel, 7.11.1941

Du bist so weit von uns,
im fernen Feindesland.
Du kämpfst und siegst für uns,
du schützt das Vaterland.
Du führst die Waffen gut
mit deiner starken Hand.
Du streitest nur für ein Ziel,
für ein Wort: Großdeutschland.
Dein Lohn ist ew'ger Ruhm,
Dich krönt der große Sieg.
Soldat Du bist genannt,
Soldat im heilg'gen Krieg.

OLYMPIA (BERLIN)
Mein erstes Gedicht, 1936

Droben an der Spree dunklen Gewässern,
liegt eine Stadt von seltenschöner Pracht.
Im herrlichen Schmuck der Hakenkreuzfahne prangend,
erwartet sie Fremde Tag und Nacht.
Als Deutschlands Hauptstadt ist sie bekannt,
als Stadt der Feste und Feiern,
wo sich auch heute zu anderen Festen
die Olympischen Spiele hinreihen.
Zum Friedensfest der Welt ruft ihre Glocke,
alle die zu wagen trauen ihre Künste.
Damit sie goldene, silberne und bronzene Medaillen
heimtragen dürfen wie edle Prinzen.
Dann werden sie mit Stolz und Ehre tragen,
was sie durch großen Fleiß errungen
und im Gedächtnis stets bewahren:
Deutschland hat es erschwungen.

OLYMPIA (BERLIN, 1936)
2. Version

Dort an des Spreefluss‘ dunklen Wassern,
liegt eine Stadt von selt‘ner Pracht.
Im Schmuck des Hakenkreuzes prangend,
harrt sie der Fremden Tag und Nacht.
Als Deutschlands Hauptstadt weitbekannt,
als eine Stadt der Feste, viele.
Und heut‘ zu anderen Feiern reihen
sich auch noch die Olymp‘schen Spiele.
Zum Friedensfest die Glocke ruft.
Es kommt die Jugend aller Welt,
Die Gold und Silber, bronz‘nen Glanz,
als ihrer Leistung Lohn erhält.
So tragen sie mit Stolz und Ehren,
was großem, ems‘gem Fleiß gelungen.
Stets im Gedächtnis sie bewahren:
Für unser Deutschland ward‘s errungen.

DEUTSCHE JUGEND

Sie ziehen hinaus mit festem Schritt
und tragen die Fahne als Zeichen.
Alle, die hier marschieren mit,
werden niemals wanken, noch weichen.
Noch sind ihre Herzen jung und gut,
noch zieht ihre Stirn keine Falten.
In ihren Adern fließt brennendes Blut,
nach Brauchtum und Sitte zu walten.
Sie sind das neue, das stolze Geschlecht,
die Träger der kommenden Zeiten.
Sie werden kämpfen für Freiheit und Recht
und ewige Wege bereiten.
Sie ziehen hinaus mit festem Schritt
mit der Fahne, flatternd im Wind.
Ihre Herzen singen die Lieder mit,
die der Morgen mit sich bringt.

GRUSS DER HEIMAT
1.6.1936

Drunten an des Ind'schen Ozeans Gestaden
zieht sich längs ein Land von wunderschöner Pracht.
In tausend Farben schimmernd
erwartet es die dunkle Nacht.
Viele deutsche Schiffe,
durchkreuzen des Ozeanes Flut
und über ihnen wehte
der deutschen Heimat Gruß.

DER DEUTSCHE BAUER

In deinem Antlitz spiegeln sich die Furchen deiner Scholle
und alles, was so tief mit ihr verbunden ist:
Das trägst du, deutscher Bauer, tief dir eingepräget.
Du unseres Volkes große Hoffnung bist!
Jahraus, jahrein pflügst du der Heimat trauten Boden,
er ist dir heilig, wie dein eigen' Kind,
du teilst mit ihm all Freuden und Gedeihen,
du segnest Regen, Sonnenschein und Wind.
Du bist so treu und zäh, wie deiner Scholle Furchen,
dein Auge blau, wie deines Flusses Strand.
Und deiner Hände hartgedrückte Schwielen
sie sei'n uns hochgeehrt! O, deutsche Bauernhand!

JUGENDZEIT

Wo einmal deine Wiege stand,
da ist dein Heimatglück.
Von dort siehst du dein Vaterland
verzaubert, Blick um Blick.
Wo du in einer stillen Zeit,
in frohen Jugendtagen,
der Mutter treulich dein Geleit
ihr stets hast angetragen.

MAHNUNG

Land du liegst noch schlaftrunken
im Glanz der steigenden Sonn'.
Deine Garben sind schon gebunden
und einsam welkt der Mohn.
Er welkt so traurig und müde,
seine Blätter sind rot wie Blut.
Sie mahnen mit ihrem Liede:
Seid wachsam auf der Hut.
Land du liegst noch schlaftrunken
im Glanz der steigenden Sonn'.
Deine Feinde sind schon gebunden
und siegreich kämpft dein Sohn.

TREUE

Treue ist die schönste aller Tugenden,
die je ein Menschenherz gekannt.
Stets hat ein freier, deutscher Sinn
sich diesem Tugendschlüssel zugewandt.
Sie steht so glanzvoll da in ihrer Würde:
Nichts anderes ist ihr gleich.
Wer Treue, deutsche Treue, kennt,
der siegt, der ist nicht feig.
Wer Treue, deutsche Treue, kennt,
der weiß, was deutsche Pflicht,
der weiß, was deutsche Liebe heißt
O, lasst uns ihr ein Loblied singen
und grüßen sie mit uns'rem Lied,
denn Teue nur gibt Freud' am Kampfe
und schenkt uns auch den großen Sieg.

ZUM FREIWILLIGEN FRAUENEINSATZ
August 1944

O, wie ist der Tag so herrlich,
wenn die Sonne scheinen mag.
Sagt sie einen schönen Morgen.
Wünscht sie schönen Nachmittag.
Sitzt im Saal der Gossenwerke
eine fröhl'che Frauenschar.
Diese grüßt sie ganz besonders,
strahlt sie an ganz wunderbar.
Ehrenfrauen wir sie nennen,
stolz wir alle auf sie sind.
Leuchten sie als Vorbild jenen
allen, die noch müßig sind.
Wollen mit uns schmieden Waffen,
stehen ein in Reih' und Glied,
und mit gläubigen Vertrauen
harren wir auf Sieg und Fried'.
Niemals wird der Feind besiegen
unser Deutsches Vaterland.
Deutsche Mütter gebet Waffen
Euren Söhnen in die Hand!

ZUM FREIWILLIGEN FRAUENEINSATZ
2. Version

O, wie ist der Tag so herrlich,
Wenn die Sonne scheinen mag.
Früh wünscht sie uns guten Morgen,
Dann grüßt sie den Nachmittag.
Sitzt im Saal der Gossenwerke
Eine fröhl'che Frauenschar.
Diese grüßt sie ganz besonders,
Strahlt sie an ganz wunderbar.
Ehrenfrauen wir sie nennen,
Stolz wir auf sie alle sind.
Leuchten sie als Vorbild jenen
Allen, die noch müßig sind.
Wollen mit uns schmieden Waffen,
Stehen ein in Reih' und Glied,
Und mit gläubigem Vertrauen
Harren sie auf Sieg und Fried'.
Niemals wird der Feind besiegen
Unser Deutsches Vaterland!
Deutsche Mütter gebet Waffen
Euren Söhnen in die Hand!
Wo du bei Sang und Spiel und Scherz
und allem lust'gen Treiben
verspürtest niemals einen Schmerz
und kanntest keine Leiden.
Dort ist dein herrlich' Heimatland,
kostbarer Schatz, zu finden.
Wo du mit deiner Kinderhand
tatst Blumensträußlein binden.

VOLL LIEBE

LIEBESLIED

Wenn die Rosen welken und der Sommer flieht,
wenn die Blätter gelben und der Herbst einzieht,
werd' ich zu Dir gehen, zu dem Liebsten mein.
Könnt' ich Dich schon sehen und schon bei Dir sein!

ABSCHIED

Ade, mein Schatz, ich muss jetzt gehen - ade, ade, ade.
Ade, mein Schatz, auf Wiedersehn - ade, ade, ade.
Ach, sag mir noch ein liebes Wort - ade, ade, ade -
eh' dass Du gehst zum Kriege fort - ade, ade, ade.
Ach Schatz, ich hab' ja keine Zeit - ade, ade, ade -
mein Weg ist lang, mein Weg ist weit - ade, ade, ade.
Leb' wohl, mein Liebster, lebe wohl - ade, ade, ade -
bis ich Dich wiedersehen soll - ade, ade, ade.

LIEBESLIED

Heut' Nacht
um Mitternacht,
da ist mein Herz erwacht
und sucht' nach Dir.
du bist weit von mir.
Könnt ich bei Dir sein,
mein liebes Schätzelein,
ach, bei Dir sein.

LIEBESBRIEF
November 1939

Liebster es ist schon lange, lange her,
dass du mir hast das letzte Mal geschrieben.
Wo ist dein lieber Brief so lang geblieben?
Ich freue mich doch jedes Mal auf ihn so sehr.
Ich las so gerne deine lieben Zeilen
und fand die Schrift so wunderbar entzückend
und jedes Wort viel tausendmal beglückend
und jetzt lässt du mich einsam traurig weilen.
Noch will ich klagen nicht und weinen
und alles Gute von dir Liebsten denken.
Der liebe Gott wird alles auf das Beste lenken,
lass' nichts bei Vater, Mutter scheinen.
Und jeden Tag will ich zur Post hingeh'n
und fragen ob ein Brief von dir dabei.
Und nun leb' wohl mein Liebster, bleib' dir treu -
ein Gruß und Kuss von deiner Braut. Auf Wiederseh'n.

DEM LIEBSTEN
22.7.49

Wenn ich in einer stillen Stunde
in Liebe hab' an Dich gedacht,
dann hab' ich für ein kleines Weilchen
die müden Augen zugemacht . . .
Und träumte süß, Dir ganz ergeben,
Liebster, o wie war das schön!
Möchte' immer, immer bei Dir bleiben
mit Dir des Lebens Wege geh'n.

DEM LUDWIG
Im Fasching 1949

O, Du mein lieber, semmelblonder Junge,
mit Deinem treuen, gütigen Blick.
Ich möchte Dir so gern was sagen,
doch dazu hab‘ ich wirklich kein Geschick.
Verzeih‘ mir, dass ich Dich enttäuschte
an jenem Abend. Oh es tut mir Leid!
War ich doch stets ein dummes Mädchen
und bist Du mir noch böse heut'?
Dass wir uns nie so recht verstehen,
daran trag‘ ich wohl sehr viel Schuld.
Du Lieber, mit den schönen, blauen Augen,
behalt mich lieb und hab‘ mit mir Geduld!
O Du mein lieber, semmelblonder Bursche,
ach schau die Stunden, sie sind heut‘ so schön!
Ich möcht‘ so gerne alles mal vergessen,
mit Dir ein Stück des Weges gehen.

DEM LUDWIG
2. Version

O, Du mein lieber, blondgelockter Junge,
Mit Deinem treuen, güt'gen Blick.
Ich möchte Dir so gern was sagen,
Doch fehlt mir dazu das Geschick.
Verzeih' mir, dass ich gestern Dich enttäuschte
An diesem Abend.,S tut mir Leid!
War ich doch allweil nur ein dummes Mädchen
Und Du, bist mir noch böse heut'?
Dass wir uns nie so recht verstehen konnten
Daran trag' ich selber sehr viel Schuld.
Du Lieber mit den schönen, blauen Augen,
Behalt mich lieb und hab' Geduld!
O Du mein lieber, blondgelockter Junge,
Die Stunden, sie sind heut' so schön!
Was kürzlich war, ach könntest Du's vergessen
Und dann mit mir ein Wegstück geh'n.

HERMANN

Erlangen, 6. März 1942
Für Grete Müller, eine Gossen-Kollegin, gedichtet.
(Hermann war ein Priester.)

Du bist so weit von mir, in fernen Landen.
Ich kann Dich sehen nur im lichten Traum.
Um deine Lippen spielt ein wohlbekanntes Lächeln;
so hold und schön und lieb, so froh vertraut.
Wie denk' ich jetzt so oft an jene Stunden,
wo wir im Glück froh beieinander war'n.
Du musst jetzt kämpfen dort mit anderen Kameraden,
in harter Pflicht für Volk und Vaterland.
Ich seh' dein Bild so oft in meinen Träumen,
dein heißgeliebtes Antlitz voll und tugendschön,
Du sprichst zu mir ganz wohlbekannte Worte,
sie sind so gut, wie Du auch selber bist.
Und kann das Leben uns auch nicht vereinen,
weil Du das deine hast für Gott geweiht:
Nie will ich Dich und deine Lieb' vergessen,
Du sollst mein Bruder sein, mein bester Freund!

TRAUM

Ist mir das Glück mal heut' beschieden,
Nur zu Verleben einen schönen Traum.
Dort wo die Birken steh'n im Abendfrieden
und Heideröschen blüh'n am Waldessaum.
Ein Traum, im Glück der Lieb' versunken,
in stiller Pracht der Erde buntes Kleid.
Genießen wir der Schönheit schönste Stunden
Erfüllt von sel'ger Lebenssüßigkeit.

TRAUM

2. Version

Ist mir das Glück nur einmal noch beschieden,
Heut' zu erleben meinen schönsten Traum:
Mit Heideröschen blüh'nd am Waldessaum
und Birken rings um mich im Abendfrieden.
Ein Traum: Im Glück der Liebe ganz verbunden,
umgeben von der Erde buntem Kleid.
Erfüllt von sel'ger Lebenssüßigkeit
Genießen wir der Liebe schönste Stunden.

EIN GRUSS

Bald geht der Tag zu Ende,
die Nacht bricht rasch herein.
Ein Grüßlein ich dir sende:
Gut' Nacht, vergiss nicht mein!

FREIERSLIED

Reich mir deine Hand
für das Leben.
Und ich will die meine
in die deine legen.
Zeig mir deinen Sinn,
dass ich kann sehn.
Wo du willst hin,
will ich mit gehn.
Sag' mir nur ein Wort,
das kurz und klein.
Und du sollst immerfort
mein Gefährte sein.

LIEBESLIED

Wie ist der Abend so einsam,
einsam und ganz allein.
Ach, könntest du Liebster bald wieder,
bald wieder bei mir sein.
Die Rosen die blühen so lieblich
und die Nelken die duften so süß
und meine Lippen die sehnen
sich nach deinem Kuss.

LIEBESLIED

Ich lag im Abendsonnenschein,
da sang mir ein kleines Vögelein
die Liebe in mein Herz.
Das Vöglein sang mir immerzu,
sang mir zur sel'gen Abendruh'
zur Liebe auch den Schmerz.

DEM LIEBSTEN AUS SEHNSUCHT

Kein liebes Wort lässt Du mehr von Dir hören;
ich meint' ich müsst' vor Sehnsucht fast vergehn.
Ich kann Dich einfach nicht vergessen,
die Zeit mit Dir war doch so wunderschön.
Ich liebe dich aus meines Herzens tiefstem Grunde,
ich sehne mich nach Dir, nach Dir allein.
Mit beiden Armen möchte' ich Dich umklammern
und halten fest. O könnt' dies nochmal sein!
Warum bin ich so dumm und quäle meine Sinne
und werfe schlaflos meine Nächte hin?
O Gott gib, dass es mir gelinge
ihn zu vergessen. Es hat doch keinen Sinn!

TROST
1942

Wenn dich des Lebens Stürme hart umtoben,
die Nächte schlaflos sind in Leid und Not
und deine Freunde droh'n Dich zu verlassen,
o dann verzage nicht, schau auf zu deinem Gott
Wenn Du gleich dem Schifflein, das auf hohen Wellen
vom Sturm gepeitscht, hinsegelst durch die Nacht
und sich des Meeres Schlünde gähnend vor ihm öff-
nen,
der Steuermann jedoch hält eine gute Wacht.
Er führt sein Schifflein auch nach diesem Kampfe
ganz unversehrt in seinen Heimathafen ein.
Des Meeres ungestümes Wüten konnte ihm nicht
schaden.
Der Kampf war schwer, der Sieg musst' glorreich sein.
O zweifle nie in bösen, schicksalsschweren Stunden!
Vertrau' auf Gott und gib die Hoffnung niemals auf.
So wie der Steuermann sein Schifflein führt im Stur-
me,
so führt auch Gott Dich durch des Lebens Lauf.
Und wenn nach kampfdurchwühlten, schweren Stun-
den
ein Morgen tagt so frisch und rein und klar
und strahlend, leuchtend steigt die Sonne auf im
Osten:
Ein Sonnentag so schön, wie es noch keiner war.

IN TRAURIGEN STUNDEN

ABSCHIED
Juni 1937

Zum Abschied reichen wir die Hände:
Es ist so schwer, so bitter schwer.
Es ist als ob kein Trost sich fände
für uns're wehen Herzen mehr.
O lasst sie ziehen, lasst sie fahren,
lasst ihrem Schicksal seine Bahn:
Es ist kein Unglück zu bewahren,
wenn's steht auf Gottes weisem Plan.
So zieht nun hin! Euch sei der Frieden
des ew'gen Gottes zugeteilt.
Sei recht viel Glück euch noch beschieden
auf allen Wegen, die ihr eilt!

DAS LIED EINER WAISE
August 1937

Ich bin ein Waislein nun geworden;
hab' keinen Vater, keine Mutter mehr.
Keinem Bruder kann ich klagen meine Leiden
und auch kein Schwesterlein ist um mich her.
Ich steh' allein auf dieser Erde
und geh' dem Schicksal dreist entgegen.
Alleine muss ich bahnen mir die Wege
und freudlos mich zur Ruhe legen.

DER WANDERER

Schwer getroffen von des Schicksals harten Schlägen
bahnt einsam, von der Welt verlassen,
ein junger Mensch sich trostlos seine Wege
durch Täler hin, durch Städte, Gassen.
Am Waldesrand bleibt er noch einmal stehen
und späht zurück, zurück ins weite Land;
und noch einmal hört er die Glocken klingen,
bei denen er so oft dort oben stand.
Und noch einmal denkt er zurück an jene Zeiten,
wo sorglos er bei seiner Mutter saß.
Es wird ihm schwer ums Herz, er kämpft
und müde sinkt zurück er in das kühle Gras.
Als er erwacht war's sonn'ger Morgen wieder.
Noch immer hat er eine Heimat nicht.
Er zieht nun weiter hin durch Täler über Hügel
bis seine Beine müd, sein Wille bricht.
In einer Höhle legt er sich zum Sterben nieder,
weit von der lieben Heimat fort:
Es war zu spät, er konnte nicht mehr kehren
zurück in den geliebten Heimatort.

OHNE TITEL
24.8.49

Ich hielt das Glück in meiner Hand
und hab es nicht erkannt.
Wie war ich dumm!
Es kehret nimmermehr zurück,
so schwer ich seufz', das Glück.
Die Zeit ist um.

VERLORENE HEIMAT
August 1937

O wie sehn' ich mich nach dir,
nach dir mein teures Heimatglück,
nach deinen dunklen, breiten Strömen,
nach deinen stillen Höh'n zurück.
Ach die Jahre flossen schnell dahin;
ich dacht' an dich nie mehr zurück.
Es war ein Handeln und ein Streben
nach unsichtbarem, fernem Glück.
Wie war es doch bei dir so schön,
als ich noch durft' in deinen Armen ruhn
und unter vielen tausend Freuden
die vielgeliebte Arbeit tun.
Ach, wenn die Zeit noch einmal käme,
wie würd' ich sie nun schätzen dann;
nie wieder würd' ich sie verschmähen
und achten auch, so gut ich kann.

AUS WEHMUT
15.1.1942

Mir ist, ich müsst versinken
in Traurigkeit und Leid.
Kein Glück will mir mehr winken,
kein Sonnenschein kein Freud'.
Mein Herz ist weh und müde;
kein Tröster nah noch fern:
Wie sehn' ich mich nach Friede,
nach stiller Zeit so gern.
Möchte' weinen immerfort,
verweinen alles Leid,
möchte' wandern weit von diesem Ort
in stille Einsamkeit.

FRIEDHOFSEINSAMKEIT
Betty Mantel, 14.5.1942

Über Gräberhügel streicht der Frühlingwind;
grüßt die alten Kreuze, küsst die Erde lind,
locket, die da schlummern längst in guter Ruh'
wispelt ihnen leise traute Worte zu.
Doch kein Ohr mag hören und kein Mund spricht
mehr.
Blümlein wachsen, blüh'n darüberher.
Zeitenstürme jagen durch die Welt so schwer.
Doch die hier gut schlafen fühl'n den Sturm nicht
mehr.

FRIEDHOFSEINSAMKEIT
2. Version
Über Gräberhügel streicht des Herbstes Wind;
Küsst die alten Kreuze, küsst die Erde lind.
Locket, die da schlummern längst in guter Ruh',
Wispert ihnen leise traute Worte zu.
Doch kein Ohr mag hören und kein Mund spricht
mehr.
Letzte Blümlein blüh'n und Laub fällt drüberher.
Mögen Zeitenstürme jagen durch die Welt,
Die hier fühl'n den Sturm nicht, ruh'n in Gottes Feld.

GEDANKEN ZUM ALLERHEILIGENTAG
Erlangen, den 29. Oktober 1996

Wir halten stille ein in unsrem Denken,
und langsam, zögernd ist der schwere Gang
zum Grabe eines lieben Menschen,
der mit uns war ein Leben lang.
Wir suchen Worte, die wir einst gesprochen
zusammen vor nicht allzu langer Zeit.
Wir stellen Fragen, sehnen, hoffen.
Wir fühlen die Unendlichkeit . . .

DAS LEBEN

Stunden um Stunden verrinnen,
die Zeit geht ihren Gang.
Tu dich nicht lang besinnen,
sonst wird der Weg dir zu lang.
Ach, wüstest du, was bedeutet,
die Minute, die gerade vergeht,
die du hast unnütz vergeudet.
Die nächste kann schon sein zu spät.
Einmal in seinem Leben
naht jedem Menschen sein Glück:
Pass auf, wenn's dir wird gegeben!
Pack es mit Händen und Blick!
Jahre um Jahre verrinnen,
das Leben geht seinen Gang:
Wenn du willst etws beginnen,
dann warte niemals zu lang.

MEIN HEINRICH
September 1993

Wer kann mein'n Schmerz ermessen,
wer kann Dich je vergessen,
mein liebes Kind.
Du hast mich still verlassen,
ich kann es niemals fassen,
was Du getan.
Warst immer gut im Leben,
hast jedem nur gegeben,
so alles hin.
Ich möcht' Dich still umarmen
und halten Dich mit warmen,
mit meinen Händen fest.
Dein Leid durft' ich nicht wissen,
als sei das Band zerrissen
zu Dir, mein Kind.
Warum?

MEINEM HEINRICH

Wenn ich vor deinem Grabe steh'
und frage Dich: Warum?
Es weht der Wind, es rauscht das Laub.
Doch Du bleibst still und stumm.
Ich mein', das Leid müsst' mich verzehren,
die Sehnsucht quält mich immerdar,
nach Dir, mein Kind, in allen Stunden,
zu allen Zeiten, Jahr um Jahr.

* * *

Zig Jahre sind jetzt schon vergangen,
noch ist mein Herz so wund und schwer,
seitdem Du mich so jäh verlassen.
Ich liebe Dich mein Kind so sehr.
Ich kann es nicht und nie verstehen,
dass ich Dich, Heinrich, nicht mehr hab'.
Wie mein' ich oft, die Türe müsst' sich öffnen,
und du aufstehn aus deinem Grab.
Doch all mein Hoffen und mein Sehnen,
es kann nicht in Erfüllung gehn.
Wie möchte' ich Dich nochmal umarmen
und Dir in deine Augen seh'n.
So leb' ich halt im großen Glauben,
im Himmel einst bei Dir zu sein.
Wo wir uns ewig werden schauen
und glücklich miteinander freu'n.

ZU GOTT

GEBET

O segne Herr, o segne Deine Kinder,
die weinend zu Dir fleh'n.
Gib Deinen Vatersegen,
wo sie auch geh'n und steh'n.
O wahre Herr, bewahre sie vor Leiden.
Lass' sie stets freudig sein.
Lass' sie nach ihren Mühen
einst kehren bei Dir ein.
O lohne Herr, o lohne ihre Taten,
wenn sie einst vor Dir steh'n.
Lass' sie in Deinem Himmel
Dein heiliges Antlitz seh'n.

HINGABE

Mein Gott, Du weißt mich überall
und sei es auch im tiefsten Schacht der Erde.
Dir kann ich nicht entrinnen.
Und soll mich Deine Strafe treffen,
dann trifft sie mich,
und würd' ich mit dem schnellsten Pferd der Erde
von einem End' der Welt zum andern reiten.
Und wär' ich dann am Ziele angekommen,
auch dort wartest Du auf mich
und Deiner Strafe bin ich nicht entronnen.
Hier hast Du mich!

UNENDLICHES VERTRAUEN

Wenn meine Seele scheidet
zu dir hinaufgeleitet,
dann lass' o Herr Dein Licht und Deine Gnade walten,
lass' Deine Allmacht schalten,
wie Dir's, o Gott, gefällt.

MARIENGEBET

Maria uns're heilige Frau
wohl gnädig auf uns niederschau,
die vor dir sind und knien.
Maria holde Königin
sei uns're Frau und Helferin
in allen uns'ren Nöten.
Maria, du des Maien Licht,
hilf du uns, wenn uns alles bricht,
und sende dein Erbarmen.
Maria, Mutter ewiglich,
wir preisen und wir loben dich,
dich, unser ganzes Leben.

ZU DEN HEILIGEN

Helft mir, ihr Heiligen, aus meiner Not;
helft mir vor dem bitt'ren Seelentod,
damit ich wieder neu auflebe
und eifrig nach dem Himmel strebe.
Amen.

ABENDGEBET

O Herr in Deine Hand
leg' ich mein Lebensband
damit Du waltest
und stets schaltest
wie Dir's gefällt.
Was mir sollt' je begegnen,
vergiss es nicht zu segnen.
Denn ohne Deine Gnad'
und Deinen göttlich' Rat,
will ich es nicht annehmen.

DES TAGES LAST

Wie lastet doch des Tages Bürde
auf meinen Schultern, ach so schwer.
Mir ist, als ob ich nicht könnt' tragen
die schweren, schweren Lasten mehr.
Und bin ich nach des Tages Ende
so ganz zermürbt von aller Pein,
ist alle Welt mir ganz verfeindet,
wer sollte mir da Trost noch sein?
So leg' ich all des Tages Schwere,
o Gott, in Deine weise Hand.
Lenk' Du und rate, schütz' und führe,
flicht' heller Du mein Lebensband.
Dann schlaf ich ruhig, ohne Sorgen,
o Gott, in Deinem Namen ein.
Ich weiß, dass einer wacht da oben.
Wer könnt' mir Wächter größer sein?
Mög' Gott, der Herr, das alles lohnen,
was alles Gut's wird hier getan,
und stets vor Unglück es verschonen,
wenn sich ihm je eins sollte nah'n.

VERSMASS

Wenn ich ein Dichter wäre
und also dichten könnt',
ich würde Verse schreiben
ohn' Maß und ohne End'.

WARNUNG

Gedenk': Geh' sparsam um mit Reden,
vertrau dich nicht dem Biedermanne an,
du weißt nicht wirklich, ob er es ehrlich mit dir meint.
Bau' stets auf dich und deine eigne Kraft
Du kannst mit Reden viel, viel mehr verderben,
als je mit Taten wieder Gutes tun.
Lass' deine Zung' dich niemals zügellos beherrschen,
beherrsche dich und sei stets auf der Hut.
Und kommt der Freund zu dir im Schafsgewande
und will dir helfen in bedrängter Zeit,
dann prüf ihn erst, eh du dich ihm ergibst.
Gar oft lauert versteckt in ihm der böse Wolf.

ZWISCHEN DEN MENSCHEN

55

JUGENDZEIT
1937

Wie träumt' es mir von längst verfloss'nen Glücken,
die ich einst hielt in meiner Hand.
Ich schau' zurück mit sehnsuchtsvollen Blicken
in jene Zeit, die mir so früh entschwand.
Ich singe Lieder, die schon längst verklungen
und meiner Seele sind schon völlig fremd,
die ich einst hab so froh gesungen.
die jede Traurigkeit in mir gehemmt.
Sie sind die Lieder einer wonnevollen Zeit,
zu der ich nie kann kehren mehr zurück.
Sie wird mir Lieder singen für die Ewigkeit.
O teure Jugendzeit, o trautes Heimatglück.

ZUR EINWEIHUNG DES SCHULHAUSES
1937, Rückertschule in Erlangen

Schon wieder ist ein Haus entstanden
für geistig' Schaffen und für Körperkraft,
woran viel' Hundert Arbeit fanden,
an diesem Bauwerk, dieser Pracht.
Ein Haus des Wissens soll es werden,
das uns und and'ren lehren soll,
wie man sich führen soll auf Erden,
bis man sein Leben ehrlich voll.
So lasst uns diesen Bau bezieh'n,
in Gottes Nam' die Arbeit nun beginnen!
Dem Fleiß und Lernen niemals flieh'n,
sei dauernd unser aller Sinnen.

WARNUNG

Liebes Mädchen, lass' dir sagen:
Traue keinem Mann zu weit;
sonst wirst's bitter du beklagen
nachts, in stiller Einsamkeit.
Männer wollen immer haben.
Geben selber nie was her.
Und von deinen Liebesgaben
woll'n sie haben immer mehr.
Mädchen, Mädchen, lass' dir sagen:
Traue keinem Mann zu weit!
Recht genieße, lass' dir sagen,
deine schöne Jugendzeit.

ADVENT
1940

Es träumt so leise der Wintrerabend,
geheimnisvoll und wunderbar.
Und seine Nächte sind erhaben
und ihre Stern' kristallenklar.
Und seine Menschen sind so seltsam
und ihre Augen leuchten weit
und ihre Herzen singen Lieder
von froher, sel'ger Weihnachtszeit.

BAUERNKÄRWA
1939

Hei wos is des für a Fest,
wenn die Bauernkärwa is.
Kärwa amoll ner im Johr,
die muss g'feiert wern, net wohr?
Do schau hi wie alles schafft,
is Dirndl, die Baieri und die Magd.
Und sogor die Großmutter,
die hilft mit und rührt die Butter.
Zuerst werd gebackn a römisch Brot,
Kärwa is, do hots ja ka Not.
Amoll ko mer schon essen wos mer liebt,
wenns an der Himmel is ganza Johr gibt.

ZU EINEM GEBURTSTAG

I bin holt recht arm un hob ka Geld,
sonst hätt i dir scho was auf dein Tisch hieg'stellt.
Aber du waßt scho, ich maans so a recht gut.
Des liegt halt vo jeher in meim Blut.
Drum will i dir heit a Liedla singa
und vo Freid auf'n Tisch naufspringa:
„I winsch dir Gretl es Allerbest'
zu deim großen Geburtstagsfest!"
I tu heit ner jauchzen und singa, juhe,
dass unsere Gretl wird allweil recht sche.
Und a Glos trinken will i auf ihr Wohl,
dass sie recht bald a Fraula werden soll.

Und, wenn sie dann kommt, mit ihm Arm in Arm,
mit dem arma Mo, dass Gott erbarm!
steht am gleiche Toch in der Zeitung drin:
Do hot si verlobt a junga Dirn.
Ja, die Gretl, die macht si, wir stauna und schaun
und könna vo Angst uner Brot nemmer kaun,
vor Angst dass wir jetzt kriegen kan Mo.
Die Gretl, die wor halt scho ehra dro.

GEH HALT HER MEI ALTE

Die Oma und der Opa mit einem Schwammerlhut
wollen auf der Wiese sich noch einmal küssen:
ei, ei, ei das war so gut, so gut – put – put.
Refrain:
Geh halt her mei Alte
und sei net gar so kalte
i hab di doch so gern!
Hier auf der grüna Wies'n
da rauschen deine Rüschen,
wie einst vor fünfzig Jährn.

WIR TANZEN ALLE SAMBA

Karamba und Karamba!
Wir tanzen alle Samba,
die Jungen und die Alten
sind auch nicht mehr zu halten,
die einen mit den Äugelein,
die andern mit dem Bäuchelein.
Karamba und Karamba!
Wir tanzen alle Samba.
Es wird nicht lang mehr dauern
da tanzen auch die Bauern
auf ihrer Dreschmaschine.
Der Hansgörg mit der Fine
hab'n ihn schon ausgeprobet
und köstlich ihn gelobet.
Karamba und Karamba!
Wir tanzen alle Samba
.

DANKBARKEIT

für Herrn Wolf, 10. September 1997

Im Leid die Freunde zu erfahren,
die selbstlos helfend stets bereit,
das ist ein Glück! Dies zu bewahren
sei Ausdruck tiefer Dankbarkeit.
Sind wir auch traurig, ob der vielen Plagen,
und meinen oft die Zeit steht still,
wir dürfen dennoch nicht verzagen!
Der Herrgott lenkt, so wie Er will.

WANDERSMANN

Ich bin ein armer Wandersmann
und wand're in die Welt.
Ich wand're ohne Sorgen
und ohne Gold und Geld.
Kein Häuslein duft' ich haben,
kein Gärtlein nenn ich mein,
doch sing ich froh und lustig
den hellen Tag hinein.
Wenn ich mein Haupt will legen,
dann find' ich einen Stein,
dort träum ich ohne Sorgen
von Ros' und Nelkelein.
Ich bin ein armer Wandersmann
und wand're ohne Geld.
Ich wand're ohne Sorgen
wohl in die weite Welt.

AM MORGEN

Kaum ist die dunkle Nacht entschwunden,
die Sonne strahlend durch die Wolken bricht,
beginnt ein Leben überall zu wachsen
im Glanz des edlen, golden Morgenlichts.
Froh grüßt die Arbeit einen jeden wieder,
wo wir wohl mögen hin spazieren geh'n.
Ein Tag der Freud' und Müh' beginnet wieder;
für manchen ja ein Tag des Flehn's.

MUTTER
13.03.1942

Wie kann ich, Mutter, Dir das danken,
was Du hast Gut's an mir getan?
Dein Lieben ist wie gold'ne Ranken,
die aufwärts streben, himmelan.
Die Hände dein, die nimmermüden,
sie schaffen stets für mich allein.
Welch großes Glück ist mir beschieden,
das Glück, dein gutes Kind zu sein.
Ich fühl' mich froh und stets geborgen,
o Mutter, dort bei Dir daheim.
Wenn Dich auch drücken schwer die Sorgen,
Du willst mir beste Mutter sein.
Lässt mir nichts fühlen von den Leiden,
die Dich umgeben immerfort.
Dein Handeln: nur zu meinen Freuden,
dein Reden: nur ein liebes Wort.
Ich möchte Dir danken, Mütterlein,
Dir helfen, ach, im schweren Los.
Doch bin ich schwach nur und ganz klein,
Du aber edel, lieb und groß.

MUTTERTAG

Du stehst heut' da im Glanze deines Glückes,
o deutsche Mutter und wohl immerdar.
Und schaust herab voll stolzen Mutterblickes,
auf deine holde Kinderschar.
Sie sitzt versammelt heut' zu deinen Füßen
und Blümlein schmücken ihr gelocktes Haar.
O deutsche Mutter sei uns hochgepriesen,
von nun an und wohl immerdar.

REGENTROPFEN

Ein kleiner Regentropfen
tat an mein Fenster klopfen
und flüstert leis mir zu:
Geh' bald zur Ruh'!
Dein Liebchen kommt nicht mehr.
Liebt einen andern mehr
als dich.
Und ich tieftraurig sprach
zum Regentropfen: Ach,
das glaub' ich nicht.
Wenn alles bricht,
bleibt sie mir treu!
Wie es auch sei,
sie hat mich lieb.
Und nach drei Tagen dann,
ein kleiner Brief kam an.
Drin lag ein Ringlein klein,
so zierlich und so fein,
ein Brieflein rosarot:
Mein' Liebe, die ist tot,
das schrieb sie mir.

EIN STÜNDLEIN WOHL VOR TAG
Eduard Mörike

Dieweil ich schlafen lag,
Ein Stündlein wohl vor Tag,
Sang vor dem Fenster auf dem Baum
Ein Schwälblein mir, man hört' es kaum,
Ein Stündlein wohl vor Tag:
„Hör an, was ich dir sag!
Dein Schätzlein ich verklag:
Dieweil ich dieses singen tu,
Herzt er sein Lieb in guter Ruh,
Ein Stündlein wohl vor Tag."
O weh, nicht weiter sag!
O still! Nichts hören mag!
Flieg ab, flieg ab von meinem Baum! --
Ach Lieb und Treu ist nur ein Traum.
Ein Stündlein wohl vor Tag.

GRUSS AN ERIKA
Mai 1951

Ein Blumenstrauß aus meiner Hand,
ein Zeichen meiner Treue,
sei liebe Erika Dir gesandt,
auf dass er Dich erfreue.

DES SOMMERS ENDE

Bald wirst du schließen dein Pforten wieder,
du schöne, gold'ne Sommerzeit
und deiner Vöglein helle, bunte Lieder
verstummen bald, zu uns'rem tiefsten Leid.
Allüberall geht alles schon dahin,
die Blümlein all: die Rosen, auch die Nelken
und selbst der Bäume frischgelaubtes Grün
fängt langsam an zu gelben und zu welken.
Unmesslich einsam steht der Mensch am Rand,
sieht überall das große, große Enden.
Er späht hinüber übers öde Land
und wartet zögernd auf ein neues Wenden.
Er harrt und wartet weiter, immer weiter
trägt seinen Kopf voll banger Sorgen.
Er weiß nicht, wie's soll fürder gehen weiter;
und zittert angstvoll vor dem nächsten Morgen.

DEM BRAUTPAAR

Erika und Otto Renner, zu ihrer Hochzeit, 30.2.1949

Ihr reichtet Euch die Hände für das Leben
und sagtet Euch ein Ja vor dem Altar;
auf dass der Bund für immer bleiben möge
so fest und rein, so treu und wahr.
In Liebe habt Ihr Euch gefunden;
vereint des Schicksals Weg zu zieh'n.
O mögen stets auf allen Euren Pfaden
die Sonne scheinen und die Rosen blüh'n

DER TREUE HÜTER

Ein gar lustig' Bächlein plätschert
hin durch Wies' und Wald und Feld
und zu seiner rechten Seite
grünt ein Gärtlein wohlbestellt.
Duften Rosen, prangen Nelken
in dem Garten an dem Bach
und zu seinem großen Schutze
hält ein Hündlein treue Wacht.
Nero ist's, der treue Hüter,
der sich in den Dienst gestellt
und bei Sonnenschein und Regen
schützet seines Herren Feld.
Diese beiden, unzertrennlich,
sah man täglich allezeit
friedlich auf der Holzbank sitzen,
wo sie teilen Freud und Leid.

Doch an einem Sonntagmorgen
ist's geblieben dort ganz still,
denn der HERR hat sich genommen
dieses Alten fromme Seel'.
Friedlich ist er nun entschlafen,
immer und auf alle Zeit.
Doch an seinem Bette wachet
Nero an der linken Seit'.

DEIN GLÜCK

Nicht Geld und Gut allein macht reich,
nicht Schmuck und eitler Tand.
Als größ're Freud, als bess'res Glück
ist Bess'res mir bekannt.
Sei glücklich, Mensch, wenn du gesund
und froh am Morgen kannst aufstehn,
mit frischer Lust und neuer Kraft
zu deiner Arbeitsstätte geh'n.
Was nützet dir, wenn du die Welt
und ihre Macht besäßest
und nicht bedächst, wer sie dir gab,
wennst deinen Gott vergäßest.
Sei froh und dankbar und zufrieden,
nimm freudig aus der Gottesschal'.
Weißt du doch nicht, ob es dir morgen
auch noch gegeben wird einmal.

DEIN GLÜCK
2. Version

Nicht Geld und Gut allein macht reich,
nicht Schmuck und eitler Tand.
Als größ're Freud, als bess'res Glück
ist Bess'res mir bekannt.
Sei glücklich, Mensch, wenn du gesund
am Morgen kannst aufstehn,
mit frischer Lust und neuer Kraft
zur Arbeitsstätte geh'n.
Was nützt es dir, wenn du die Welt
gewinnst und ihre Macht
dabei vergisst, wer sie dir gab,
auf Gott hast keine Acht?
Nimm froh und dankbar jederzeit
aus dieser Gottesschal'.
Weißt du doch nicht, ob's morgen dir
gegeben noch einmal.

MUTTERGLÜCK

Wie war es einst so schön in meinem Leben,
als ich noch durft' bei meiner Mutter sein.
Von ihrer Lieb' und Sorgfalt stets umgeben,
war ich so froh, ihr Kind zu sein.
Sie stand mir stets mit gutem Rat zur Seite,
sie nahm mir all die kleinen Sorgen ab.
Nie wieder darf ich schauen ihre Freude:
Sie schläft ja schon im kühlen Grab.
Sie ist auf immer nun von mir gegangen,
sich für mich sorgend bis zur letzten Stund'.
Nie werden leuchten ihre roten Wangen
und ich nie küssen ihren immerroten Mund.
Ach wenn noch einmal ich sie dürfte grüßen
und fühlen ihren nimmermüden Blick.
Ich würde fallen hin zu ihren lieben Füßen
und sagen: O teures, wahres Mutterglück.

ZUR SILBERHOCHZEIT

Zu ihrem Ehrentag wir grüßen
das hohe Jubelpaar.
Und wünschen recht viel Glück und Segen
noch viel' gesunde Jahr'.

ZUR SILBERHOCHZEIT
2. Version

Zu ihrem Ehrentag wir grüßen
das hochverehrte Jubelpaar.
Und wünschen recht viel Glück und Segen,
und auch Gesundheit, Jahr um Jahr.

ZUM BEVORSTEHENDEN ABSCHIED

Schwester Longina, Schwester von Franz,
aus Simbabwe, Afrika; 20.1.1967
Bald reichen wir zum Abschied Dir die Hände.
Musst wieder ziehen in ein fernes Land,
wo fremde Menschen sehnlichst Dich erwarten,
wo man Dich braucht, Dich braucht mit Herz und Hand.
Ach gar so eilig sind sie uns entschwunden
die Wochen, Stunden, o die ganze Zeit.
Wir wollten Dich von Herzen stets erfreuen
und zeigten Dir die Heimat weit und breit.
Wir möchten uns in Gottes Hand nun legen,
wohin auch immer uns're Wege gehen:
Er möge Dich behüten und beschützen
und schenken uns ein frohes Wiedersehn.

GEBURTSTAGSSEGEN

für Hr. Dr. Kutschera zum 66. Geburtstag

Ein herzlich' Gruß zu Ihrem heut'gen Tage,
Viel Glück und Segen seien auch dabei.
Gesundheit möge immer Sie begleiten,
Auf dass der Tag ein wirklich schöner sei!
Das Leben ist oft hart mit vielen Mühen,
Doch soll die Sonne scheinen immerdar.
Der liebe Gott mög' weiter Sie beschützen
Und Freude schenken für das neue Lebensjahr.

DEM BRAUTPAAR

Erika und Otto Renner, zu ihrer Hochzeit,
30.2.49

Ihr reichtet Euch die Hände für das Leben
und sagtet Euch ein Ja vor dem Altar;
auf dass der Bund für immer bleiben möge
so fest und rein, so treu und wahr.
In Liebe habt Ihr Euch gefunden;
vereint des Schicksals Weg zu zieh'n.
O mögen stets auf allen Euren Pfaden
die Sonne scheinen und die Rosen blüh'n.

SCHULJAHRESENDE
Erlangen, Juli 1969

Das Schuljahr neigt dem Ende sich entgegen
und freundlich winken Ferien uns zu.
Wir müssen scheiden nun von all dem Trauten.
Die Zeit enteilte wie im Nu.
Wir möchten danken allen, die uns halfen,
besonders ihnen, liebe Lehrerin.
Sie lernten uns das Lesen und das Schreiben
und führten auch noch uns'ren Geist und Sinn.
Damit aus uns wohl gute Menschen werden,
die später tüchtig in das Leben gehen.
Das Fundament, das Sie uns damit gaben,
wird für uns immer in der Welt bestehn.
So möchten wir zum Abschied Ihnen wünschen
viel Glück und Segen allzeit weiterhin!
Der liebe Gott mög' Ihnen das vergelten,
was Sie getan, Sie gute Lehrerin!

INS GÄSTEBUCH
für Familie Strauch, Osthofen, 23.Juni 1991

Vom Osthofener Strauch
da wehet ein Hauch,
riecht würzig und fein
vom edlen Wein.
Und willst davon mehr,
halt' fröhlich Einkehr
bei Schmalzbrot und Wein
in Dämmerlichts Schein.
Mög' immer sie geben
die prächtigen Reben!
Wird ewig er sein,
der Osthof'ner Wein.

ZUR ERSTEN HEILIGEN KOMMUNION

Der lieben Ina Hagerer, Tettau, Marktplatz 8,
geschrieben von Barbara Erlwein am 5.5.1991
Ein herrlich' Tag in deinem jungen Leben,
ein Fest so schön und wunderbar.
Heut' darfst Du nun zum ersten Male treten
zum Tisch des Herrn, vor den Altar.
Um zu empfangen Seine große Liebe,
Sein Brot, das Er beim Abendmahle brach,
damit es Dich wohl immer stärken möge,
zu allen Zeiten und an jedem Tag.
Mag die Erinnerung an diese frohen Stunden
in deinem Herzen immer steh'n.
Wir wünschen Dir auf allen deinen Wegen
den Segen Gottes und stets Wohlergehn!
Zu Nürnberg, in der St. Josefskirch',
in lieblichem, schneeweißem Kleid
lag unser Bübchen auf Vaters Arm
zur Taufe und Salbung bereit.
Drei Namen sind's, die auserwählt,
die Eltern ihm haben gegeben:
Als erster führte sich Claudio ein,
Sylvester und Viktor daneben.
Lieb' Claudio, Du bist nun ein Gotteskind,
bleib' deinem Glauben stets treu!
Er soll Dich leiten bei deinem Tun,
soll immer Dich stärken aufs Neu'.

MEINEM LIEBEN ENKELSOHN CLAUDIO
ZU SEINEM FÜNFTEN GEBURTSTAG
In immerwährender Liebe:
deine Erlanger Oma Barbara,
Erlangen, den 17. Oktober 1995

Welch ein Tag für unsern kleinen Claudi;
fünf Jahre bist Du heute alt!
Wir wünschen Dir Gesundheit, Glück und Segen,
dass es nur so aus unserm Munde hallt.
Ein großes Bübchen bist Du schon geworden,
zu allen Streichen immer, stets bereit.
besonders mit dem Opa lässt sich's herrlich balgen,
zu jeder Tages- und auch Abendzeit.
Viel' Freunde hast Du schon gefunden
im Kindergarten und auch anderswo.
Da bist Du recht so unter Deinesgleichen,
da bist Du ausgelassen, glücklich, froh.

PRINZ KARNEVAL

Barbara Mantel, 8.1.1950

Prinz Karneval fährt mit dem Orientexpress
durch die Welt, wie brennender Zunder.
Sein Gefolge ist halb verrückt und schon närrisch.
Es geht alles drüber und drunter.
Er führt ein gar buntes, ein tolles Heer:
Kosaken, Zigeuner, Mongolen.
Ein jeder fürcht't seine Hoheit gar sehr,
um seine Gunst sich zu holen.
O jauchzet ihr Leute nach unserer Wahl
in Preußen und Franken und Bayern.
Hoch sollst du Leben, Prinz Karneval!
Auch wir wollen heute dich feiern!
Drum auf nun, ihr Paare, zum närrischen Tanz!
Im Rhythmus woll'n wir uns schwingen
bis der Boden unter den Füßen uns wankt
und die Himmel voll Bassgeigen singen.

WIEGENLIED
1944

O, Du kleiner, süßer Liebling.
Hab' Dich gar so gern.
Schenkst mir viele schöne Stunden -
Doch der Vati ist weit fern.
Ach weit fort im fernen Lande
Denkt er oft an Dich.
Möchte seinen Liebling sehen,
Seine Liebling' Dich und mich.
Seine Geige spielt so leise
Ein Wiegenlied zartfein.
Und voll Sehnsucht ist sein Herze -
möchte sein daheim.
Sternlein blinken, leuchten friedlich,
Auch dem Vater weit, weit fern.
Schlafe ein mein liebes Kindchen,
Hab Dich gar so gern.

WIEGENLIED
2. Version

O, Du kleiner, süßer Liebling.
Hab' Dich gar so gern.
Schenkst mir viele schöne Stunden. -
Vater ist so fern.
Ach weit fort im fernen Lande
Denkt er oft an Dich.
Möchte seine Lieben sehen,
Beide, Dich und mich.
In Gedanken summt er leise,
Zart ein Wiegenlied.
Und er möchte endlich weilen,
Wo sein Glück erblüht.
Sternlein blinken, leuchten friedlich,
Auch dem Vater fern.
Schlafe ein, mein liebes Kindchen,
Hab Dich gar so gern.

ZUR GEBURT
MEINES LIEBEN, KLEINEN ENKELSOHNS
geschrieben von deiner Großmutter,
Barbara Erlwein, geb. Mantel

Im Oktober, am siebzehnten Tage,
zu Nürnberg im neunzigsten Jahr, geschah
das Wunder der Liebe:
Unser Claudio war plötzlich da.
Er drängte, er wollte zum Lichte,
kein Mühen war ihm zu schwer,
das die Mutter musste ertragen.
Und der Vater bangte so sehr.
Wir alle sind glücklich zusammen.
Unser Herzchen wachs' und gedeih'!
Erfreu' uns mit lieblichen Lächeln
und auch mit etwas Geschrei.
So hoff' ich und wünsche von Herzem,
bleib gesund, den Eltern viel Freud.
Mög' der Herrgott Dich immer beschützen,
auf deinem Weg durch die Zeit.

ZUR HEILIGEN TAUFE
MEINES GELIEBTEN ENKELSOHNES CLAUDIO
am Dreikönigstag, den 6. Januar 1991,
in Nürnberg, St. Josefskirche

Der Himmel strahlte in sonnigem Glanz,
die Erde war wonnig und schön.
Wir schickten uns an, im Festtagsgewand,
zur Heiligen Taufe zu geh'n.

ZUM ABSCHIED
Verfasst am 13.08.54 von Herrn Trojan.
(Er war auf Urlaub zu Gast, hat an unserer Abschiedsfeier teilgenommen und dieses Gedicht gemacht. Er schenkte mir auch ein Buch, das ich noch habe.)

Festeskreis aufgeschaut! Ho, ho, ho.
Singet mit, kräftig, laut. Ho, ho, ho.
Morgen geht's heimatwärts. Ho, ho, ho.
Grimmig ist Abschiedsschmerz. Ho, ho, ho.
Streitberg ist, dass Ihrs wisst – ei, ei, ei -
Ort den man nie vergisst. Ei, ei, ei.
Montag früh, alter Trott. Ei, ei, ei.
Trautes Heim, b'hüt dich Gott. Ei, ei, ei.
Urlaubszeit wir geseh'n - ach, ach, ach -
Erst zum Schluss wird sie schön. Ach, ach, ach.
Kopf verdreht, Herz begehrt. Ach, ach, ach
Glück wird nur knapp gewährt. Ach, ach, ach.
Arbeit ruft, laut und grell. Hu, hu, hu.
Pünktlich sind wir zur Stell'. Hu, hu, hu.
Danken laut, ei fürwahr: Hu, hu, hu.
Wiederseh'n nächstes Jahr. Hu, hu, hu.
Doch deine Eltern seien nicht vergessen:
Sie müh'n sich ab von früh bis spät
und freu'n sich sehr, wenn unser Kind
am Abend früh ins Bettchen geht.
Besonders lieb woll'n wir Dich heut' umarmen,
unser liebes, kleines Claudilein.
Ein neues Lebensjahr wird nun beginnen.
Dein Leben soll ein Glücksfall sein!

MEINEM GELIEBTEN ENKELSOHN CLAUDIO
ZUR EINSCHULUNG
Alles Gute für dein ganzes Leben wünscht Dir
deine Dich immer liebende Oma, Barbara Erlwein,
16. September 1997

Lieber, kleiner Claudio-Mann,
morgen geht die Schule an.
Jetzt heißt's pünktlich aufzusteh'n
und zum Unterricht zu geh'n.
Wichtig ist das Frühstückessen.
Pausebrot auch nicht vergessen,
dass das Köpfchen lernen kann,
was die Lehrerin gibt an.
Lesen, Schreiben und viel mehr,
auch das Rechnen ist nicht schwer.
Stolz wirst dann den Eltern sagen,
was sich hat all's zugetragen.
In der Schule wird gegeben
Wissen für das ganze Leben.
Darum bleib brav und stets gesund!
Nur was Gutes sag' dein Mund!

MEINEM LIEBEN ENKELSOHN CLAUDIO ZU SEINEM NEUNTEN GEBURTSTAG

deine treue Oma Barbara Erlwein, geb. Mantel,
Erlangen, den 17. Oktober 1999

Neun Jahre sind's, ich wünsch Dir was:
Viel Glück und Segen, auch viel Spaß!
Gesundheit soll Dich stets begleiten
und gute Noten Freud' bereiten!

AM MITTAG

Frisch schlägt die Glocke die zwölfte Stunde,
ein Zeichen, dass es Mittag ist,
dass sich die Menaschen nun zur Runde
versammeln um den Mittagstisch.
Überall in Stadt und Land und in der Ferne
ist dieser schöne Brauch beliebt,
denn er schenkt Ruhe allen gerne
und gibt noch Nahrung fürs Geripp.

ZUM ABSCHIED VON STREITBERG
am 14.08.1954

Ihr Tage in Streitberg,
o herrliche Zeit!
Ihr Stunden voll Wonne,
voll Lust und voll Freud,
schnell seid ihr entschwunden.
Wie war es so schön!
Voll Sehnsucht wir scheiden;
mit Trauer wir geh'n.
Mit Trauer im Herzen,
von Wehmut krank.
All unsern Betreuern
sei tausendmal Dank!
O, lasst uns noch einmal
bescheiden und klein
im Kreise der Freunde
ganz fröhlich sein.
Und ruft uns am Montag
schon eisern die Pflicht:
Gern grüßen wir Streitberg.
Wir vergessen es nicht!

Briefwechsel zwischen
Barbara Erlwein und der
Familie Wolf (Nachbarn)

1994-1997

Barbara Erlwein

Erlangen, 2. August 1994
Hofmannstr. 35

Sehr geehrter Herr Dr. W o l f ,

ein herzlich Dank für Ihre köstlich' Zeilen,
für Worte, die mich sehr erfreut.
Mein Wunsch soll sein für alle beide,
nach eine lange, gute Nachbarzeit.

Die Jahre zieh'n, man kann es oft nicht glauben,
wir werden alt und wollen's doch nicht sein.
Und doch, das Alter hat auch seine schönen Seiten!
GESUNDHEIT sei gewünscht von ERLWEIN.

Alles Gute und freundliche Grüße
an Sie und Ihre Frau Gemahlin

Ihre Barbara Erlwein

Sehr geehrte, liebe Frau W o l f ,

der Frühling schenkt uns herrlich-schöne Blüten,
zu allen Zeiten, immerdar.
Besonders heut' soll'n sie Sie herzlich grüßen,
zu Ihrem fünfundachtzigsten Geburtstagsjahr.

Ein hoher Tag in Ihrem langen Leben,
zu feiern ihn in Liebe, Glück und Freud.
O mögen doch noch viele solcher Stunden,
sich finden ein in Ihrer Lebenszeit.

Dies sei unser aller Wunsch,
verbunden mit vielen lieben Grüßen,
stets Ihre
Familie

Erlangen, den 11. April 1995.

Familie Erlwein

Erlangen, den 12. Juli 1995
Hofmannstr. 35

Sehr geehrter Herr Dr. W o l f ,

zu Ihrem heutigen

85. Geburtstag

wünschen wir Ihnen alles erdenklich Gute!

Ein Blick zurück an diesem Tage,
ein Lebenswerk steht stolz und klar.
Durch unermüdlich Fleiß geschaffen,
sei's heut' gekrönt im Jubeljahr.

O mögen doch noch viele Jahre,
in Ihren Lebenskreis sich reihen ein.
Gesundheit soll Sie stets begleiten,
dies wünscht Familie Erlwein.

- . - . -

Im Namen der Familie

Barbara Erlwein

Sehr geehrter Herr Dr. W o l f ,

für Ihre lieben Zeilen mit Gedicht möchte ich mich sehr herzlich bedanken.

Auch ich möchte Ihrer lieben Gattin noch ein paar Zeilen widmen:

Mir ist, als sei sie nicht geschieden,
und doch verspür ich tiefen Schmerz.
So plötzlich ist sie still gegangen,
so plötzlich stand ganz still ihr Herz.

Ihr Herz, das so voll Güte strahlte,
wo immer sie zugegen war.
Wir sagen ihr Dank für alles Gute,
sie war stets edel, wunderbar.

- . - . -

Ihnen alles Gute und vor allem viel Gesundheit wünschend,
bin ich

mit freundlichen Grüßen

Ihre Barbara Erlwein.

1.8.1996

Erlangen, den 10. September 1997
Hofmannstr. 35

Sehr geehrter, lieber Herr Dr. W o l f,

es ist mir ein Bedürfnis, Ihnen für die vielen Aufmerksamkeiten, die Sie mir während meiner Krankheit und auch jetzt wieder entgegengebracht haben, allerherzlichst zu danken. Ganz besonders möchte ich noch für Ihr liebes Gedenken zum 16. Todestag unseres geliebten Sohnes Heinrich Dank sagen. Noch nie haben Sie diesen Tag vergessen!

Ich wünsche und hoffe, daß es Ihnen, lieber Herr Doktor, bald wieder besser gehen möge und Sie wieder in Ihrem schönen Zuhause sein können.

Mit vielen guten Wünschen und herzlichen Grüßen bin ich immer

Ihre dankbare Nachbarin

Im Leid die Freunde zu erfahren,
die selbstlos helfend stets bereit.
Das ist ein Glück! Dies zu bewahren,
sei Ausdruck tiefer Dankbarkeit.

Sind wir auch traurig ob der ~~vielen~~ Plagen,
und meinen oft die Zeit steht still.
Wir dürfen dennoch nicht verzagen,
der Herrgott lenkt, so wie er will.

\- - -